La creación de hábitats

Saskia Lacey

✷ Smithsonian

Autora contribuyente

Jennifer Lawson

Asesoras

Jennifer Zoon
Especialista en comunicación
Smithsonian's National Zoo

Sharon Banks
Maestra de tercer grado
Escuelas Públicas de Duncan

Créditos de publicación

Rachelle Cracchiolo, M.S.Ed., *Editora comercial*
Conni Medina, M.A.Ed., *Redactora jefa*
Diana Kenney, M.A.Ed., *NBCT, Directora de contenido*
Véronique Bos, *Directora creativa*
Robin Erickson, *Directora de arte*
Michelle Jovin, M.A., *Editora asociada*
Caroline Gasca, M.S.Ed., *Editora superior*
Mindy Duits, *Diseñadora gráfica superior*
Walter Mladina, *Investigador de fotografía*
Smithsonian Science Education Center

Créditos de imágenes: portada, pág.1, págs.2–3, págs.4–5 (todas), pág.7, págs.9–12, pág.13 (superior), pág.15, págs.18–19, pág.20 (inferior), pág.22, págs.22–23 (inferior), págs.26–27 (todas) © Smithsonian; pág.14, pág.17 (inferior), pág.23 (superior) cortesía de blackfootedferret.org; págs.20–21 USFWS Mountain-Prairie; pág.21 (inferior) National Park Service; pág.24 John Ashley; todas las demás imágenes cortesía de iStock y/o Shutterstock.

Library of Congress Cataloging-in-Publication Data

Names: Lacey, Saskia, author.
Title: La creación de hábitats / Saskia Lacey, Smithsonian Institution.
Other titles: Creating a habitat. Spanish
Description: Huntington Beach : Teacher Created Materials, 2020. | Includes
   index. | Audience: Grades 2-3
Identifiers: LCCN 2019047745 (print) | LCCN 2019047746 (ebook) | ISBN
   9780743926393 (paperback) | ISBN 9780743926546 (ebook)
Subjects: LCSH: Zoo keepers--Juvenile literature. | Zoo
   animals--Housing--Juvenile literature.
Classification: LCC QL50.5 .L3318 2020 (print) | LCC QL50.5 (ebook) | DDC
   590.73--dc23

Smithsonian

© 2020 Smithsonian Institution. El nombre "Smithsonian"
y el logo del Smithsonian son marcas registradas de
Smithsonian Institution.

Teacher Created Materials

5301 Oceanus Drive
Huntington Beach, CA 92649-1030
www.tcmpub.com
ISBN 978-0-7439-2639-3
© 2020 Teacher Created Materials, Inc.
Printed in Malaysia
Thumbprints.25941

Contenido

Nuevos mundos

Hoy es un día especial. Estás en un zoológico, ¡y hay mucho para ver! Hay muchos animales. Cada **recinto** es un mundo. Cada uno es el **hábitat**, o el hogar, de un animal diferente.

Ves una mangosta. Sale de su túnel para comerse un insecto. Ves un zorro. Duerme una siesta echado al sol sobre una pila de rocas. También ves un roedor. Está sentado en una rama grande de su recinto.

Sí, hoy es un día especial. Estás en el Zoológico Nacional Smithsonian. En la casa de los mamíferos pequeños, ¡vas a ver mundos nuevos y maravillosos!

Un zorro del desierto duerme una siesta en la casa de los mamíferos pequeños.

Una mangosta enana sale de su túnel en la casa de los mamíferos pequeños.

Un degú está sentado en una rama.

Arte

Un diseño perfecto

Los recintos están diseñados para cubrir las necesidades de los animales. Por ejemplo, los monos necesitan un espacio que tenga árboles altos. Los espacios también se diseñan teniendo en mente a los visitantes. Tienen enormes ventanas para que las personas puedan ver lo que hay adentro.

Para estar contentos y sanos, los animales necesitan vivir en el hogar adecuado. En los zoológicos, los recintos son su hogar. Se diseñan teniendo en cuenta a los animales.

Al crear un hogar en un zoológico, los diseñadores se hacen muchas preguntas. ¿Debe hacer frío o calor? ¿Qué tipo de plantas hay que poner? ¿Debería haber otros animales? Estas preguntas ayudan a los diseñadores a darles a los animales lo que necesitan.

Los diseñadores hallan las respuestas a esas preguntas mirando el hábitat **natural** de los animales. Su hogar en el zoológico debe **imitar** el que tienen en la naturaleza. Eso lleva tiempo e investigación. Una vez que está todo listo, los cuidadores deben cuidar a los animales.

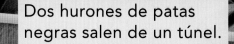

Dos hurones de patas negras salen de un túnel.

Tareas diarias

Cuidar a los animales es un trabajo de tiempo completo. Los cuidadores llegan muy temprano y con mucha energía. Tienen mucho que hacer.

Alimentación

Los cuidadores preparan las comidas para cada animal. Los alimentos que les dan varían según lo que los animales comen en la naturaleza. Algunos animales comen frutas y verduras. Otros comen carne. En el zoológico, comen esos mismos alimentos. Los cuidadores quieren imitar lo que cada animal come en la naturaleza.

Un grupo de tortugas come hortalizas.

Un lémur come frutas.

Un hurón de patas negras se lava después de comer.

Una comida adecuada

En un año, ¡un hurón silvestre puede comer más de cien perritos de las praderas! Los cuidadores usan esa información para calcular cuánta comida necesitan los hurones cada día. Luego, se aseguran de tener la cantidad de comida necesaria para alimentar a todos los hurones del zoológico.

Enriquecimiento animal

Los cuidadores quieren mantener a los animales activos. Por eso, en cada hábitat hay distintos tipos de **enriquecimiento**. Son juguetes que ayudan a los animales a practicar las destrezas y los comportamientos que necesitan para sobrevivir en la naturaleza.

Los hurones de patas negras a veces tienen pelotas de juguete. Los hurones pueden golpear las pelotas y perseguirlas como si estuvieran cazando. O pueden tener bolsas de papel. Las bolsas hacen un crujido fuerte. Esos juguetes les enseñan a los hurones a perseguir cosas y a escuchar con atención. Ambas son destrezas que necesitarían en la naturaleza.

Un grupo de hurones de patas negras se persiguen unos a otros a través de un túnel.

Un hurón de patas negras está a punto de saltar por un tubo dentro de su recinto.

Algunos recintos de hurones tienen tubos en los costados. Esos tubos imitan las **madrigueras** que los hurones tendrían en la naturaleza.

Controlar la salud de los animales

Los cuidadores también controlan la salud de los animales que viven en los zoológicos. Es una parte importante de su trabajo. Observan qué comen y cómo se comportan los animales. Miran cómo juegan con otros. ¿Usan los juguetes? ¡Los cuidadores también controlan eso!

Toda esta información ayuda a los cuidadores. Pueden aprender cómo mantener a los animales a salvo. También pueden usarla para entender por qué a algunos animales les va mejor en la naturaleza. Esos conocimientos pueden ayudar a proteger a los animales del peligro. ¡Hasta pueden ayudar a salvar **especies**!

Una cuidadora premia a un mono con una fresa después de un control médico.

Una veterinaria controla la vista de un gato pescador recién nacido.

Investigadores de popó

¡Hay científicos que dedican todo su tiempo a estudiar el popó de los animales! Hacen pruebas para ver si encuentran ciertas sustancias químicas. Esas sustancias les dicen mucho a los científicos. Los científicos pueden saber si un animal está sano. También pueden saber si una hembra está por tener cría.

El hurón de patas negras

En la casa de los mamíferos pequeños, verás muchos animales. Algunos están en el zoológico porque en la naturaleza los cazan. Otros animales están ahí porque no tienen comida suficiente en la naturaleza. Eso le pasa a uno de los animales de la casa de los mamíferos pequeños: el hurón de patas negras.

Estos hurones tienen mucha energía. Los hurones jóvenes juegan a luchar unos con otros todo el tiempo. Es muy divertido verlos. En la naturaleza, están en peligro. Pero en los zoológicos, los cuidadores estudian el comportamiento de los hurones. Pueden cuidar y proteger a los hurones.

Dos hurones de patas negras salen de su madriguera al anochecer.

Los hurones "hablan" entre ellos. Cuando se asustan, silban y chirrían para avisar a otros hurones.

perrito de las praderas

pulga

En peligro

El principal alimento de los hurones de patas negras son los perritos de las praderas. Los perritos de las praderas son un tipo de ardilla. Cavan madrigueras, o túneles subterráneos. Los hurones viven en esos mismos túneles.

Los hurones necesitan a los perritos de las praderas para sobrevivir. Para los hurones, los perritos de las praderas son una fuente de alimento y refugio. Hace años, los perritos se contagiaron una enfermedad transmitida por las pulgas. Muchos murieron. También murieron algunos hurones. Al poco tiempo, los hurones que sobrevivieron no tenían suficiente alimento. Muchos más hurones murieron de hambre. Los científicos supieron que debían ayudarlos.

Un hurón de patas negras se asoma desde una madriguera.

Una nueva esperanza

En un momento, se creyó que ya no quedaban más hurones de patas negras. Se pensó que estaban **extintos**. Pero, en 1981, los científicos encontraron un pequeño grupo que seguía con vida.

Los científicos querían proteger a los hurones. Los sacaron de su hábitat natural. Estudiaron a los hurones. Aprendieron qué hacer para que hubiera más hurones en el mundo.

Hoy en día, hay **programas de reproducción** para los hurones. Los cuidadores crían a los hurones bebé. Los ayudan a crecer sanos y fuertes.

La Dra. JoGayle Howard sostiene a dos hurones de patas negras que nacieron en un programa de reproducción.

Dos veterinarias usan la ciencia para ayudar a que una hurona de patas negras pueda tener cría.

En la naturaleza

Algunos animales viven toda la vida en un zoológico. No estarían seguros en la naturaleza. Otros no se quedan mucho tiempo en el zoológico. Así sucede con muchos hurones de patas negras. Cuando tienen edad suficiente, pasan a otros programas. Allí aprenden cómo sobrevivir en la naturaleza.

Una de las cosas que los cuidadores les enseñan a los hurones es cómo cazar perritos de las praderas. Este entrenamiento los ayuda a cazar en la naturaleza. Mientras entrenan, los hurones están protegidos de otros animales. Eso les permite seguir mejorando sus destrezas como cazadores.

Estos hurones de patas negras son demasiado pequeños para liberarlos en la naturaleza.

Un hurón de patas negras persigue a un perrito de las praderas.

Un guardaparques libera a un hurón de patas negras en la naturaleza.

Los hurones también se entrenan para vivir en madrigueras. Tienen el cuerpo largo y delgado. Su forma es perfecta para andar por espacios angostos debajo de la tierra.

Durante el entrenamiento, los trabajadores colocan tubos que funcionan como madrigueras. Los tubos les indican a los hurones por dónde entrar. Aprender a vivir en madrigueras es una preparación importante para los hurones. En la naturaleza, las madrigueras son los lugares donde los hurones cazan, duermen y se esconden para protegerse.

Antes, se liberaba a los hurones sin entrenarlos. No les iba bien en la naturaleza. Muchos morían. Los hurones que han sido entrenados están mejor preparados para sobrevivir.

Unos hurones de patas negras practican cómo entrar en los tubos.

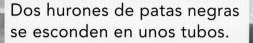

Dos hurones de patas negras se esconden en unos tubos.

Un hurón de patas negras se asoma desde una madriguera en la naturaleza.

Cuando los hurones terminan su entrenamiento, tienen que pasar algunas pruebas. Primero, los científicos los pesan y los miden. Luego, les controlan la vista y los dientes. Después, les dan medicamentos para protegerlos de las enfermedades. Después de todas esas pruebas, los hurones son liberados en la naturaleza.

Una vez que los hurones están libres en la naturaleza, los científicos los controlan. Los científicos buscan a los hurones por la noche. Es cuando estos animales están despiertos. Los científicos alumbran con luces brillantes las zonas donde creen que están los hurones. Los ojos de los hurones **reflejan** la luz. Cuando los equipos de científicos ven el reflejo, anotan dónde vieron a los hurones.

Los ojos de este hurón de patas negras reflejan la luz.

Tecnología e ingeniería

Seguir el rastro

Los científicos quieren llevar un control de los hurones en la naturaleza. Para eso, les colocan pequeños dispositivos llamados microchips. Luego, colocan lectores de microchips en la naturaleza. Esos lectores registran los movimientos de los hurones. Les indican a los científicos qué hurones pasaron por ese lugar y a qué hora.

Hábitat, dulce hábitat

Los zoológicos ayudan a que sobrevivan muchas especies. Los programas de reproducción también. En una época, se pensó que los hurones de patas negras se habían extinguido. Hoy en día, hay cientos de ellos. ¡Están de regreso!

Los cuidadores ayudan a los animales. Los mantienen sanos y seguros. Pueden hacerlo porque cuentan con hábitats geniales. En esos hábitats, los animales sienten que están en su casa. ¡La creación de hábitats ayuda a que los animales crezcan sanos!

Un gato de las arenas se estira en su hábitat de desierto.

Un oso hormiguero amazónico trepa por los troncos de su hábitat de bosque lluvioso.

Un lémur rufo rojo descansa en su hábitat rocoso.

DESAFÍO DE CTIAM

Define el problema

Un joven hurón de patas negras está por llegar al zoológico de tu ciudad. Necesita un hogar especial. Te han pedido que hagas un modelo de su hábitat.

 Limitaciones: Tu modelo debe medir menos de 30 centímetros por 30 centímetros (1 pie por 1 pie).

 Criterios: Tu modelo tiene que imitar el hábitat natural del hurón. Debe tener algún tipo de madriguera, un lugar para dormir y un lugar para comer.

Investiga y piensa ideas

¿Por qué debes investigar acerca de un animal antes de crear un recinto? ¿Cómo es el hábitat natural de los hurones de patas negras? ¿Cómo ayudan los zoológicos a que los hurones de patas negras se preparen para la vida en la naturaleza?

Diseña y construye

Bosqueja tu modelo. ¿Qué propósito cumple cada parte? ¿Cuáles son los materiales que mejor funcionarán para construir tu modelo? Construye el modelo.

Prueba y mejora

Muestra el modelo a tus amigos. ¿Tu modelo imita el hábitat natural de los hurones de patas negras? ¿Cómo puedes mejorarlo? Mejora tu diseño y vuelve a intentarlo.

Reflexiona y comparte

¿Qué partes de tu modelo funcionaron? ¿Qué partes puedes mejorar? ¿Cómo podrías añadirle tecnología a tu hábitat?

Glosario

enriquecimiento: cosas que animan a los animales a usar sus comportamientos naturales

especies: grupos de plantas o animales que son parecidos y que pueden producir descendientes

extintos: describe tipos de animales o plantas que han dejado de existir

hábitat: el tipo de lugar donde los animales o las plantas viven y crecen naturalmente

imitar: parecerse a otra cosa

madrigueras: agujeros o túneles que los animales hacen en el suelo para vivir o refugiarse

natural: que existe en la naturaleza y no está hecho por el ser humano

programas de reproducción: programas que se usan para ayudar a los animales a tener crías

recinto: un espacio que está rodeado de algo, como una cerca o un muro

reflejan: hacen que la luz, el calor o el sonido rebote

Índice

Consejos profesionales
del Smithsonian

¿Quieres trabajar como cuidador de animales?

Estos son algunos consejos para empezar.

"Investiga el mundo que te rodea. ¡Presta atención a los detalles y serás un gran cuidador de animales!".
—*Ashton Ball, cuidadora de animales*

"¿Te gustan los animales? ¡Estudia para ser cuidador! Puedes ser voluntario en tu zoológico local. ¡Yo lo hice! Aprenderás mucho sobre los animales y lo que necesitan".
—*Kara Ingraham, cuidadora de mamíferos pequeños*